미래에서 만나요!
채사장

2022. 8.

채사장의 지대넓얕

04 보이지 않는 손

글 채사장

책읽기를 좋아하는 평범한 사람이었던 채사장 작가님은 사람들과 지식을 나누는 대화를 하는 게 가장 재미있었어요. 이런 재미와 기쁨을 전하기 위해 2014년에 쓴 책《지적 대화를 위한 넓고 얕은 지식》이 밀리언셀러에 오르며 인문학 도서 신기록을 달성했어요. 이후에도 다양한 책을 써서 독자들과 소통하고 있고, 강연을 통해 많은 사람들과 지식의 즐거움을 나누고 있습니다.

글 마케마케

오랫동안 그림책 작가와 어린이 책 편집자로 일하며 재미있는 이야기의 힘을 믿어 왔어요. 채사장님의 《지적 대화를 위한 넓고 얕은 지식》을 독자로 접하고 인문학이 삶을 바꿀 수 있다는 것을 실감하고는 어린이들에게 쉽게 전달하기 위해 알파의 이야기를 만들었어요. 매일 알파, 마스터와 함께 즐거운 지식 여행을 떠나고 있답니다.

그림 정용환

홍익대학교 산업디자인학과를 졸업하고 다양한 책과 매체에 일러스트 작업을 하였어요. 〈복제인간 윤봉구〉 시리즈, 《로봇 일레븐》, 《유튜브 스타 금은동》 등 다양한 어린이 책의 그림을 그렸으며 《슈퍼독 개꾸쟁》을 쓰고 그려서 제1회 '이 동화가 재미있다' 대상을 받기도 했지요. 평소 팟캐스트 〈지대넓얕〉의 팬으로, 어린이들이 교양을 익히고 더 나은 삶을 꿈꿀 수 있도록 이 이야기에 아름다운 그림과 색채를 입혀 주었답니다.

채사장의 지대넓얕 4
(지적 대화를 위한 넓고 얕은 지식)

초판 1쇄 발행 2022년 8월 19일
초판 10쇄 발행 2025년 4월 11일

지은이 채사장, 마케마케
그린이 정용환
펴낸이 권미경
마케팅 심지훈, 강소연, 김재이
디자인 양X호랭 DESIGN

펴낸곳 ㈜돌핀북
등록 2021년 8월 30일 제2021-000179호
주소 서울시 마포구 토정로 47, 701
전화 02-322-7187 팩스 02-337-8187
메일 sky@dolphinbook.co.kr

ⓒ채사장, 마케마케, 정용환, 2022
ISBN 979-11-975784-4-1 74900
       979-11-975784-0-3 (세트)

이 책을 무단 복사·전재하는 것은 저작권법에 위반됩니다.
잘못 만들어진 책은 구입하신 서점에서 교환해드립니다.

채사장의 지대넓얕

지적 대화를 위한 넓고 얕은 지식

04 보이지 않는 손

글 채사장, 마케마케
그림 정용환

Dolphin books

저자의 말

역사를 움직이는 것은 무엇일까?

안녕하세요? 채사장입니다.

저는 대중들에게 인문학 강의를 하며, 책을 쓰고 있어요.

제가 난생 처음 쓴 책이 《지적 대화를 위한 넓고 얕은 지식》입니다. 바로 지금 여러분이 읽고 있는 이 책의 성인판, 여러분의 부모님도 선생님도 읽었을 책이지요. 첫 책인데도 아주 많은 사람들에게 큰 사랑을 받았습니다.

그런데 이 책은 사실, 어른이 되기 전에 읽어야 하는 내용이에요. 조금이라도 더 어릴 때 알면 좋은 내용! 그래서 어른이 아니어도 잘 읽을 수 있도록 이렇게 쉽고 재미있는 책으로 만들었습니다.

왜 저는 《지적 대화를 위한 넓고 얕은 지식》과 같은 인문학 책을 썼을까요?

대답을 위해 저의 어린 시절로 거슬러 올라가 보겠습니다. 저는 책을 읽지 않는 어린이였어요. 학교에서는 맨 뒤에 앉아 엎드려 잠만 자는 아이였지요. 세상과 사람에 대해서 통 관심이 없었어요. 그렇게 어영부영 고등학생이 된 어느 날, 너무 심심한 나머지 처음으로 책 한 권을 읽었습니다. 그 책은 소설 《죄와 벌》이었는데, 책을 읽고 저는 충격을 받았어요. 제 주변의 세계가 확 다르게 보였죠. 그때부터 저는 닥치는 대로 책을 읽기 시작했어요. 세계가 너무도 신기했고, 인간이 참으로 신비했죠.

하지만 성인이 될수록 세계를 더 잘 이해하기는커녕 도무지 이해할 수 없었어요. 왜 어떤 사람은 부자이고 어떤 사람은 가난할까? 왜 어떤 인간들은 약한 자들 위에 올라서고, 전쟁을 일으키는 걸까? 궁금했어요.

역사를 잘 살펴보니 그 답이 있었습니다. 오늘날 왜 경제에 의해서 세계가 좌지우지되는지 원인과 흐름을 이해할 수 있었죠. 인문학은 이렇게 세계를 보는 눈을 뜨게 해 줍니다.

우리가 어디에서 와서 어디로 가는지 아는 것은 복잡하고 거친 생애를 항해하는 데 꼭 필요한 나침반을 갖는 것과 마찬가지예요. 그 나침반을 갖기 위해서 우리는 '나'와 나를 둘러싼 '세계'를 이해해야 하겠지요? 이 책은 '세계'를 보는 눈을 길러 주는 친절한 가이드 역할을 해 줄 거예요.

《채사장의 지대넓얕》시리즈는 역사부터 경제, 정치, 사회, 윤리 등 한 분야에 국한되지 않고 넓은 지식을 알려 줄 것입니다. 1~3권까지가 '역사' 이야기였다면 이번 책부터는 '경제' 이야기가 시작될 거예요. 책을 다 읽고 주변 사람들과 지적 대화를 나눠 보세요. 그러면 남들과 다른 지혜로운 어린이가 되어 있을 겁니다.

지금의 시대엔 지혜로운 사람이 주인공입니다. 자, 그럼 저와 함께 인문학의 새로운 세계로 여행을 떠나 볼까요?

2022년 여름에, 채사장

차 례

프롤로그 21세기의 도시 · 11

1 지식카페의 비밀
네 개의 경제체제 ········ 21

- 채사장의 핵심 노트 　경제가 바뀌면 모든 것이 바뀐다 ········ 42
- 마스터의 보고서 　경제란 무엇인가? ········ 43
- Break time 　시장에서 일어난 일은? ········ 44

2 체험, 두 개의 다른 세계!
시장의 자유와 정부의 개입 ········ 45

- 채사장의 핵심 노트 　당신은 어떤 사회를 선택하겠는가? ········ 70
- 마스터의 보고서 　세금과 복지 ········ 71
- Break time 　내가 살고 싶은 사회 ········ 72

3 생산수단의 달콤함
자본주의와 공산주의 ········ 73

- 채사장의 핵심 노트 　생산수단을 허하노라 ········ 94
- 마스터의 보고서 　여러 가지 경제체제 ········ 95
- Break time 　정부의 개입 ········ 96

초기 자본주의 1
④ 개인의 이기심을 믿어요 ······ 97

- 채사장의 핵심 노트 시장은 자유다 ······ 122
- 마스터의 보고서 애덤 스미스의 《국부론》 ······ 123
- Break time 어떤 물건을 살까요? ······ 124

초기 자본주의 2
⑤ 되살아난 그날의 악몽 ······ 125

- 채사장의 핵심 노트 보이지 않는 손은 모든 것을 해결할까? ······ 150
- 마스터의 보고서 시장의 실패 ······ 151
- Break time 가로세로 낱말풀이 ······ 152

(에필로그) 새로운 대안이 필요해 · 153

최종 정리 ······ 158

등장인물

알파

선사 시대부터 지금까지 인류의 역사를 모두 지켜본 쪼렙신. 죽지 않는 존재라는 것만 빼고는 보통 인간과 다름없는 모습이다.
아주 먼 옛날부터 '생산수단'의 중요성을 깨달았던 그는 자본주의가 역사에 처음 등장할 무렵부터 공장을 소유한 자본가의 모습으로 살기를 선택했고, 스스로 신을 부정하며 인류의 진화를 앞당겼다. 그런 그가 유일하게 마음을 터놓을 수 있는 인간은 시간여행자인 '채'!
채가 알려 준 역사 속 힌트 덕분에 경제적 어려움에서 일어날 수 있었고, 참혹한 전쟁 속에서 인간성을 지키기도 했다. 채가 홀연히 떠난 후, 알파는 수십 년 동안 그를 찾아다녔고, 마침내 21세기에서 우연히 만나게 된다.

마스터

알파와 함께 다니는 작은 쥐. 알파처럼 죽지 않는 신적 존재다. 영특하고 명민해서 알파에게 많은 도움이 된다. 인간의 곁에서 인간처럼 사는 데 몰두하느라 자신의 정체성을 잃은 알파에게 필요한 충고도 아끼지 않아 왔다.
상위 신 승격에 필요한 보고서도 쓰지 않고 카페 경영에 정신이 팔린 알파를 보며 걱정이 많다.

채

21세기 도시에 살고 있던 평범한 청년. 책 속에서 배운 지식들을 직접 확인하고 싶다는 생각에 연구를 하던 중, 신비한 방식으로 시간여행을 하게 되었다.
과거의 여러 시점에서 종종 마주쳤던 알파와 조금씩 가까워졌고, 마침내 그의 신비로운 정체까지 알게 되었다. 알파는 채가 곁에 남아 주길 바랐으나 자신의 꿈을 실현하고 싶었던 채는 시간여행을 마치고 원래 살던 곳으로 돌아간다.

에이미

알파의 카페에서 일하는 직원. 경쟁업체 사이에서 고군분투하는 알파 사장이 안쓰럽긴 하지만 불안한 일자리를 지켜야 하는 노동자의 고충이 더 크다고 생각한다.

애덤 스미스

18세기의 경제학자. 알파의 지식 체험 속에 등장해서 함께 아침을 먹기도 했다. 자유로운 경쟁이 필요하다는 것을 강조해 알파에게 도전할 수 있는 용기를 준다.

비타

채의 카페에 종종 찾아오는 단골손님이자 알파의 지식 체험 속에 등장하기도 하는 수수께끼의 여성. 그녀가 새로운 사업을 시작하며 알파와 채는 혼란에 빠진다.

이 책을 읽는 방법

이 책은 어른들을 위해 처음 만든 《지적 대화를 위한 넓고 얕은 지식》을 어린이들도 볼 수 있게 만든 책이에요. 많은 지식을 하나의 흐름으로 정리해 주는 책이지요. 여러분만의 특별한 독서법을 통해 이야기 속에 숨어 있는 지식과 그 지식을 꿰뚫는 통찰을 발견하면 좋겠어요.

Step 1 이야기에 집중하기

처음 읽을 땐 일단 순서대로 이야기를 따라가는 데 집중해 보세요. 이야기 속 주인공은 아주 특별한 인물이지만 우리 주변에서 생활하는 많은 사람들의 삶을 보여 주는 인물이기도 해요. 주인공의 생각과 심리를 잘 살펴보고 "왜 그랬을까?", "이럴 때 어떤 마음이 들었을까?" 같은 질문을 던져도 좋아요. 어려운 단어나 모르는 내용이 나오면 멈춰서 찾아봐도 되지만 일단은 계속 독서를 진행해도 괜찮답니다.

Step 2 핵심 단어와 흐름 찾기

총 5화에서 펼쳐지는 이야기들은 인류의 역사 속에 실제로 존재했던 몇 가지 경제체제를 알려 주기 위한 것이에요. 각각의 에피소드가 말해 주는 경제체제는 무엇일지 생각해 보세요. 이 시리즈의 1~3권에서는 원시 공산사회부터 냉전 시대까지 역사의 다양한 사건들을 하나의 핵심으로 정리했어요. 앞서 배운 역사와 경제와는 어떤 관계가 있었을까요? 이 내용을 기억하며 읽어 보도록 해요.

Step 3 지적 대화 나누기

"이 인물은 왜 이와 같은 선택을 했을까?"
"인물들이 어려움에 처하게 된 진짜 원인은 무엇일까?"
"현실 세계에서 비슷한 일을 겪는 사람은 없을까?"
"나라면 어떤 행동을 했을까?"
책을 읽다 보면 여러 가지 의문점이 생길 거예요. 그리고 여러 번 꼼꼼하게 읽거나 다른 자료를 찾아보면 어느 정도 의문점이 해소될 수도 있을 거고요. 이렇게 내가 궁금했던 것, 발견한 내용에 대해 친구들이나 부모님과 이야기해 보세요. 토론을 통해 책을 읽은 것보다 더 큰 기쁨과 지혜를 만날 수 있을 거예요. 책의 마지막 장을 덮은 후에도 우리의 이야기는 계속 이어질 테니까요.

프롤로그

21세기의 도시

아는 친구들도 있겠지만, 알파에겐 비밀이 있어. 사실……, 알파는 신이야! 뭐, 사실 아주 대단한 신은 아니지만 말야.

굳이 말하자면, 쪼렙신이라고나 할까?

부스럭.

　쪼렙신 알파는 지구가 처음 창조될 때부터 존재했었어. 인간의 진화를 돕기 위해 파견되었지만, 인간과 같은 모습으로 살아가야 했던 그의 삶은 생각보다 우아하지 못했지.

　처음엔 인간들 모두가 평등했지만 차츰 가진 자와 못 가진 자가 생겨나기 시작했어. 가진 자는 그렇지 못한 자를 지배하기 시작했지. 지배하는 인간들은 스스로를 신이라고 일컫기까지 했어. 진짜 신인 알파는 그 밑에서 노예 생활을 하고 있었는데 말이야.

　늘 당하던 알파는 한 번쯤 인간들 위에 올라서고 싶었어. 그래서 자본을 손에 넣었고 신을 거부했지. 알파의 노력으로 신분 제도는 허물어지고 과학 기술은 발달했으며, 세계는 빠르게 근대화되었어.

　참 많은 일들이 있었어. 두 번의 커다란 세계 전쟁이 있었고,

 끔찍한 경제 위기도 겪어야 했지. 세계는 여러 차례 분열되었다가 통합되었고, 아슬아슬하게 평화를 유지하게 되었어.
 신 대신 자본을 섬긴 알파였지만 언제나 비열한 선택만 한 건 아니었어. 한 사람의 생명을 우주처럼 여기거나, 파괴되는 환경을 구하기 위해 모은 돈을 다 바치기도 했으니까.
 그렇게 세월이 많이 흘렀고, 알파의 경험도 많이 쌓였어.
 쪼렙신은 경험이 쌓이면 상위 신으로 승격될 수 있어. 알파도 이제 슬슬 상위 신이 될 때가 되었는데, 상부에서는 영 소식이 없네……?

내가 중세 이후로 계속 돈만 벌 줄 알았지. 다른 쪽엔 영 관심이 없었잖아. 인류의 역사를 정리하는 게 쉽지가 않네.

그렇다고 돈 얘기만 잔뜩 쓸 수도 없고!

음……

안 될 건 없잖아? 인류의 진화와 경제가 동떨어진 게 아니니까. 경제에 대한 부분이라도 정리해 보면 어때?

드르릉

으응. 네 말이 맞아. 마스터. 아무래도 그 편이 낫겠지?

초췌

　언제나 기세등등 자신만만한 알파였지만 요즘은 참 안쓰러워. 보고서 쓰는 것도 쉬운 일이 아닌데, 새로운 사업도 준비하느라 정신이 없거든. 겉으로 보기엔 여전히 젊고 에너지가 넘쳐 보이지만, 사실 알파는 많이 지쳐 있고 외로워 하는 것 같아.
　그래서일까. 요즘 난 알파가 누군가를 애타게 찾고 있는 게 느껴져. 아마도 그에게 친구가 되어 줄 유일한 사람이겠지?

예측불허의 시대를 살아가는 건 아무리 신이라도 힘든 일이지. 과거에는 선과 악의 기준이 명확하고 삶이 단순했지만, 요즘 세상은 너무 복잡하고 빠르게 변하고 있잖아.

익명으로 흩어진 21세기의 도시. 이제 알파의 곁에는 믿을 만한 사람도 없어. 50여 년 전, 스쳐 지나간 시간여행자 채가 그의 유일한 인간 친구였어.

여기 특이한데? 한번 들어가 볼까?

겉모습은 허름하네?

채가 살던 시대까지 찾아온 알파. 어쩌면 다시 만날지 모른다는 희망을 버릴 수 없었을 거야.

지식카페라……. 가게 이름 참 촌스럽군.

지식카페의 비밀

　냉전 시대, 알파의 공장에서 나누었던 인사가 그들의 마지막이었다. 알파는 노동자들을 지배하기 위해 애국정신을 강조했고, 채는 그런 지배자들의 모습에 질렸다는 듯 서둘러 시간여행을 마무리했다. 그렇게 어색하게 헤어진 뒤로는 연락을 주고받을 방법조차 찾지 못했다. 알파는 알파대로 근현대사를 차근차근 경험했고, 채는 채대로 원래 자신이 살던 시간으로 돌아왔던 것이다. 그렇게 둘은 다른 차원의 적지 않은 시간을 나름의 방식대로 살아왔으리라. 그러나 바로 어제 헤어지고 다시 만난 것처럼 겉모습도, 목소리도 그대로였다.

　알파는 반가움과 함께 이상한 안도감이 들었다. 친구를 다시 찾은 것만으로도 이 쓸쓸하고 변화무쌍한 시대에 산다는 것이 조금은 괜찮게 느껴졌기 때문이었다. 둘은 한참을 마주앉아 그동안의 이야기를 나누었다.

"그놈의 무슨 주의, 무슨 주의. 학자들은 왜 다 그렇게 어려운 말장난을 만들어서 날 힘들게 하는지……. 그런 거 몰라도 몇백 년 동안 사업만 잘했는데 말이야."

알파는 머리를 절레절레 흔들며 질린다는 듯 말했다. 듣는 채의 표정은 사뭇 진지했다.

"그래도 경제는 체제에 따라 사회 현상도 달라지고 구성원들의 삶도 달라지잖아요. 꼭 알아야 할 몇 가지 경제체제는 배우는 게 중요할 것 같은데요?"

"으엑, 뭐가 그렇게 어려워?"

"어려울 거 없어요. 정부가 시장에 어떻게 개입하는지만 알면 단순하게 구분할 수 있거든요. 정부가 많이 개입할수록……."

하지만 채의 말을 듣는 것만 해도 알파는 어지러워서 눈이 빙글빙글 도는 것 같았다.

"으아아, 됐어. 됐어! 오랜만에 만났는데 지루하게 굴 거야? 그런 거 몰라도 잘만 살았거든!"

그들의 대화는 갑자기 지식카페 안으로 우르르 들어온 손님들 때문에 끊기고 말았다. 채는 아직 서툰 사장임에 틀림없었다. 허둥지둥 주문을 받고 음료를 만드는 모습이 조금 어색했으니 말이다. 알파는 그 모습마저 흐뭇하게 바라보았으나 채는 그다지 흐뭇하지 않은 모양이었다. 터벅터벅 걸어오더니 알파의 테이블을 거칠게 닦으며 쏘아붙였다.

"참나, 50여 년 만에 만나자마자 일이나 시키다니. 이런 악덕 사장은 또 처음 보네."

어쩔 수 없이 알파도 중얼거리며 일어나 앞치마를 동여매고 설거지를 했다.

오후가 되자 손님들은 제법 많이 들어왔다. 어느새 익숙해진 알파는 자연스럽게 주문도 받고, 손님들과 대화도 나누며 음료 만드는 것까지 도와주었다. 말끔한 외모와 세련된 매너를 지닌 알파는 금세 손님들에게 인기를 끌었다.

다음날도, 그 다음날도 알파는 채를 찾아왔다. 나중엔 아예 채의 가게에 출근 도장을 찍다시피 했다. 카페 오픈 전부터 들어와 수다를 떨다가 손님들이 몰리는 시간이 되면 누가 시키지도 않았는데 열심히 일하는 것이었다. 다행히 알파의 능력은 대단했다. 몰려드는 주문도 척척 받아 내고 설거지도 미루지 않고 끝냈으며, 중간중간 청소는 물론 필요한 재료까지 완벽하게 주문했다. 덕분에 상대적으로 한가해진 채는 지적 대화를 원하는 손님들과 조금 더 깊고 진지한 대화를 할 수 있었다. 입소문 덕분인지 지식카페의 매출도 조금씩 늘어났다.

'이럴 게 아니라 아예 알파를 정식 직원으로 고용하는 게 좋겠어. 이따 저녁 때 한번 물어봐야지.'

알파도 내심 채의 가게에서 계속 일할지 말지 고민할 무렵이었다. 그 날 오후, '딸랑' 하는 종소리와 함께 카페 문이 열리며 한 손님이 들어왔다. 알파도 몇 번 본 적이 있는 단골손님이었다. 수줍음이 많아 보이는 여자 손님이었는데 처음엔 음료만 마시고 혼자 시간을 보내더니, 몇 번 더 방문해서는 채와 이야기도 나누며 더 깊은 공부를 하는 것 같았다.

　　알파는 귀를 쫑긋하고 두 사람의 이야기를 들었다. 평범한 카페 사장과 손님의 대화 같지는 않았다.
　　'지난번? 그 방법? 체험? 이게 다 무슨 말이람?'
　　채는 알파의 호기심을 아는지 모르는지 창고에 가서 작은 커피 원두 한 봉지를 들고 나왔다.

얼마나 시간이 지났을까. 다시 뒷문이 활짝 열리고 조금 전 나갔던 손님이 들어왔다. 머리가 좀 헝클어지고 지친 것처럼 보였지만 표정은 아까보다 훨씬 밝아져 있었다. 아니, 신나는 경험을 하고 온 것처럼 환희에 가득 차 있었다.

채는 웃으며 대답했다.
"다행입니다. 손님께서 열심히 공부하신 덕분이죠."
"사장님, 정말 감사해요. 너무 좋은 시간이었어요. 저, 다음에 또 와도 되죠?"
손님은 계산을 하고 문을 나서는 순간까지도 연거푸 고맙다고 인사했다. 알파는 이 모습을 조용히 지켜보았다. 대체 저 문밖에서 무슨 일이 일어났는지 궁금해 죽을 것만 같았다. 알파는 사실 카페 운영에도 관심이 생겼기에 더욱 알고 싶었다.

손님이 없는 저녁 시간. 테이블을 정리하는 채의 앞을 가로막은 알파는 다짜고짜 물었다.

"채, 혹시 나한테 할 얘기 없어?"

알파가 쏘아붙이자 채는 들켰다는 듯 눈동자가 조금 흔들렸다. 그러더니 곧 수줍은 얼굴로 대답했다.

"아, 안 그래도 오늘 꼭 얘기하려고 했어요. 사실은 알파를 정식으로 채용했으면 하는데……."

"뭐? 월급은 얼마나 줄 건데? 아, 아니, 그거 말고!!"

마침 카페는 비어 있었다. 채는 의자를 끌어 가까운 자리에 앉았고 알파도 팔짱을 끼고 마주 앉았다. 채가 조심스럽게 입을 열었다.

"우리 가게가 지식카페잖아요. 평범한 사람들에게 다양한 지식을 체험할 기회를 제공하고 지적 대화를 나누는 기쁨을 주고 싶었거든요."

"그래서?"

"그래서 손님들도 책을 읽고 저와 이야기를 나눈 후, 준비가 되면 가상의 세계에서 지식을 체험할 수 있게 준비를 했지요."

"가상……, 지식 체험?"

"제가 기술적으로나 물리적으로 특별히 하는 건 없어요. 그저 본인의 의식을 깨울 수 있게 도와주는 거죠. 일종의 꿈이나 환상이라고 할 수 있을까요? 간단히 말하자면 이론을 현실화하는 거예요. 음료를 한잔 마시고 카페 뒤뜰에 잠시 다녀오기만 하면 돼요."

알파는 들으면 들을수록 무슨 말인지 이해가 되지 않았다.

"그, 그런 게 가능해?"

　알파는 호기심에 스르륵 손을 놓았다. 채는 찬장을 뒤적거리더니 'TAX'라고 쓰인 원두 봉투를 꺼냈다. 그곳에서 꺼낸 커피 원두를 곱게 갈아, 아까와 같은 방법으로 커피를 추출하더니, 따뜻한 우유 거품도 얹어 주었다. 채는 서두르지 않고 천천히 만들었고 그가 준비하는 몇 분의 시간 동안 알파는 자기도 모르게 마음이 차분해졌다. 복잡한 감정이 정리되자 앞으로 어떻게 돈을 벌지, 평소의 고민들이 떠오르기도 했다. 그때 채가 커피를 텀블러에 담아 알파에게 권했다.

　"뒤뜰에도 자리가 있어요. 그러니까 천천히, 여유 있게 마시고 오세요."

"그, 그러지 뭐."

알파는 뭔가 심상치 않은 일이 벌어질 것 같은 예감에 고개를 갸웃했지만 채가 안내해 주는 문을 열고 한 발 한 발 조심스럽게 들어갔다. 부드럽고 따뜻한 빛이 그를 끌어당기는 느낌이 들었다.

"아, 알파. 혹시라도 위험한 상황이 오거나, 끝내고 싶을 때는 그냥 돌아오세요. 이 문을 열고 다시 들어오기만 하면 돼요."

채의 아리송한 한마디를 끝으로 비밀스러운 문은 스르륵 닫히고 말았다.

경제가 바뀌면 모든 것이 바뀐다

○ 역사를 나누는 기준, 경제

《채사장의 지대넓얕》을 1권부터 쭈욱 읽어 온 친구들은 긴 인류의 역사를 나누기 위해 사용한 핵심 개념인 '생산수단'과 '자본주의의 특성'을 기억할 거예요. 이 두 가지 모두 경제적 개념이며, 실제로 경제체제가 바뀔 때마다 정치, 사회, 문화, 그리고 결국 역사까지 바뀌었다는 걸 우리는 세계사를 공부하며 알 수 있었어요. 그렇기 때문에 경제는 아주 중요하답니다. 경제를 잘 이해해야 우리가 살고 있는 세계의 모습을 더 정확하게 볼 수 있거든요.

○ 시장과 정부

경제를 공부하다 보면 '시장'이라는 용어가 자주 나옵니다. 여기서 '시장'이란 재래시장이나 농산물 시장 같은 전통 시장만 뜻하는 게 아니에요. 상품의 거래가 이루어지는 모든 영역을 의미하지요. 그리고 외부에서 이 시장을 바라보는 '정부'라는 주체가 있어요. 정부는 시장을 규제하거나 세금의 양을 조절하며 시장의 활동을 조율하지요. 정부가 어느 정도까지 시장에 개입하느냐에 따라 다양한 경제체제가 만들어진답니다.

○ 다양한 경제체제

경제체제를 나누는 방식은 다양하지만, 일단 이 책에서는 크게 네 가지로만 구분할 거예요. '초기 자본주의', '후기 자본주의', '신자유주의', '공산주의'가 그것이랍니다. 이 네 가지 경제체제의 이름은 꼭 기억해 두면 좋겠어요. 조금 어렵다고요? 걱정 마세요. 앞으로 차근차근 알파와 채의 이야기를 따라가다 보면 어느덧 저절로 경제를 보는 눈이 생길 테니까요.

경제체제
- 초기 자본주의
- 후기 자본주의
- 신자유주의
- 공산주의(사회주의)

경제란 무엇인가?

'경제가 문제다', '이런 방식은 경제적이지 못하다' 등 사람들은 '경제'라는 말을 자주 사용한다. 그런데 여기서 말하는 경제란 무엇일까? 사전에서 경제를 찾아보면 '인간의 생활에 필요한 재화나 용역을 생산·분배·소비하는 모든 활동. 또는 그것을 통하여 이루어지는 사회적 관계'라고 한다. 즉, 인간이 물건을 만들고 사용하는 모든 일이 곧 경제라는 말이다. 이때, 어떤 일을 계획해서 실행하는 것을 경제학 용어로 '생산'이라고 한다. 또 일의 결과물을 나누는 것을 '분배'라고 일컫는다. 이러한 생산활동과 분배활동을 통틀어 '경제활동'이라고 부른다.

생산을 위해 일하는 것
노동

생산하는 것
재화와 서비스

재화와 서비스를 만드는 이
정부, 기업, 가계

재화와 서비스를 사용
소비와 투자

독일의 철학자 칼 마르크스는 '물질적인 것'이 역사를 발전시킨다고 주장했다. 당시의 다른 철학자들이 정신과 관념이 역사를 발전시켰다고 주장한 것과는 다른 생각이었다. 종교, 정치, 문화, 제도처럼 사회를 형성하는 것들을 제대로 이해하려면 이들이 발을 딛고 있는 기반이 무엇인지 바라봐야 한다. 마르크스는 이 기반이 다름아닌 '경제'라고 생각했던 것이다.

집을 짓기 전에 땅을 튼튼히 다지듯 사회도 단단한 하부구조가 있어야 좋은 상부구조가 존재할 수 있다. 하부구조의 상태에 따라 상부구조의 형태가 바뀌며, 사람들의 관계도 변화한다. 그렇기 때문에 경제에 대해 공부하는 것은 우리가 사는 세상을 알아가는 첫 단계가 될 것이다.

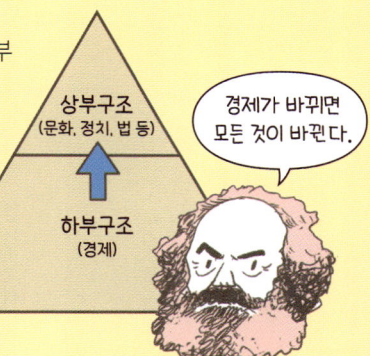

Break Time
시장에서 일어난 일은?

《지대넓얕》의 인물들이 여느 때와 다름없는 평범한 하루를 보내고 있어. 이중에서 '시장'에서 이루어진 일은 무엇일까? 찾아서 동그라미를 해 보자.

마스터는 마트에서 사료를 샀어요.

채는 인터넷 서점에서 읽을 책을 골랐어요.

알파는 은행에서 빌린 돈에 대한 이자를 냈어요.

에이미는 고양이를 안고 잠이 들었어요.

비타는 배달 앱에서 치킨을 주문했어요.

오메가는 장터에서 사과와 고기를 바꾸었어요.

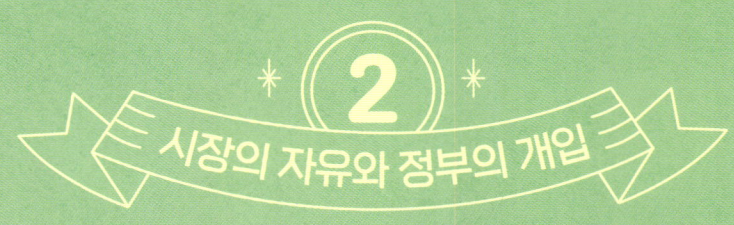

2 시장의 자유와 정부의 개입

체험, 두 개의 다른 세계!

'채는 가끔 저렇게 정말 알 수 없는 소릴 한다니까.'

알파는 고개를 절레절레 흔들며 뒤뜰로 향하는 문을 열었다. 그의 앞에 믿을 수 없는 광경이 펼쳐졌다. 눈앞에 보이는 것은 뒤뜰이 아니라 어느 회사의 사무실이 아닌가. 파티션 아래로 모니터를 보며 바쁘게 일하는 사람들, 서류를 살펴보며 회의를 준비하는 사람들, 전화기를 들고 고객과 통화하는 사람들이 눈에 들어왔다. 사무실의 한쪽 끝에 있는 복사기와 프린터도 질세라 웅웅 소리를 내며 바쁘게 돌아가고 있었다. 알파는 놀라 더듬더듬 자신의 옷매무새를 만져 보았다. 여느 직장인처럼 말쑥한 양복차림이었다.

멀뚱거리며 서 있는 알파 앞으로 고급 양복을 입은 젊은 남자가 지나갔다. 훤칠한 키에 머리는 깔끔히 다듬어져 있었다.

"요즘 인턴은 팔자가 좋은가 봅니다? 다들 바쁜데 커피 마실 시간도 있고."

알파는 놀라서 남자의 얼굴을 똑바로 쳐다봤다. 그의 빛나는 눈에서 성공에 대한 욕망이 느껴졌다.

'뭐지? 이게 채가 말한 가상 지식 체험이라는 건가?'

알파는 여전히 정신이 없었지만 일단 빈자리에 자리를 잡고 앉았다. 조금 전 상사가 준 서류를 살펴보았는데 뭘 어떻게 하라는 건지 당최 알 수가 없었다. 알파는 파티션을 톡톡 두드리며 옆자리 사람에게 슬며시 말을 걸었다.

"저기요, 혹시 이거 어떻게 하는 건지……."

"저기요가 아니라 팀장님이라고 부르세요."

"알겠습니다. 맡겨만 주십시오. 제가 알고 보면 엄청난 인재거든요. 하하하!"

알파는 호탕하게 웃었지만 옆자리의 팀장이라는 사람은 차가운 눈으로 바라볼 뿐이었다.

"오늘 안에 다 끝내야 하는 거 잊지 말아요. 그럼 수고."

알파는 어깨를 으쓱하고는 책상 위에 놓인 서류를 다시 살펴보았다. 수십 장이나 되는 종이에 사람들의 이름과 숫자가 빼곡하게 쓰여 있었다. 어떤 사람의 이름 옆에는 큰 숫자가 쓰여 있었고, 또 다른 사람 이름 옆엔 작은 숫자가 쓰여 있었다.

그리고 세금이 적용된 다른 숫자도 있었다. 알파는 이 숫자를 컴퓨터 프로그램의 서식에 하나하나 입력하면 되는 것이었다.

'흥, 막상 보니까 별거 아니군.'

알파는 자신만만하게 작업을 시작했다. 맘모스 사냥부터 수제 구두 제작에, 대형 회사 경영까지 안 해 본 일이 없는 알파였다. 이 정도 단순 작업은 맘만 먹으면 순식간에 끝낼 수 있을 것만 같았다.

그러나 생각과는 다르게 문서 작업은 그리 만만하지 않았다. 해도 해도 끝은 나지 않고 프로그램 오류는 왜 이렇게 자주 나는지……. 퇴근 시간이 한참 지난 깊은 밤이 되어서야 겨우 일을 마무리할 수 있었다. 알파는 뻣뻣해진 뒷목을 붙잡고 간신히 퇴근했다.

가상 현실 속에서 알파가 사는 곳은 낡은 다세대 주택의 작은 원룸이었다. 손바닥만 한 방에 최소한의 가구와 집기들이 있었다. 여름엔 덥고 겨울엔 추운 곳임에 틀림없었다.

어두운 방에는 고지서들이 쌓여 있었다. 아직 내지 못한 전기세와 가스요금, 수도요금이 수두룩했는데, 그것뿐 아니라 휴대폰 요금과 월세, 그리고 보험료를 지급하라는 문자가 연달아 들어왔다.

은행 잔고를 확인했지만 이번 주 식료품을 살 돈 정도밖에는 남아 있지 않았다. 따뜻한 국밥과 상큼한 과일이 먹고 싶었지만 그럴 여유가 없었다. 알파는 허겁지겁 컵라면을 끓여 먹은 후 널부러진 채 잠이 들었다.

다음날 아침 출근길은 지옥 같았다. 다행인 것은 그날이 바로 월급날이었다는 것이다.

알파는 사장이 잘난 척하는 꼴을 보기 싫었지만 그래도 월급을 받다니, 기분이 들뜨는 건 어쩔 수 없었다.

신이 나서 자리로 돌아간 알파는 조심스럽게 봉투에 들어 있는 돈을 세어 보았다.

"뭐야, 그런 거였어?"

알파는 허둥지둥 이면지를 넣어 둔 상자를 뒤졌다. 어제 작업을 끝내고 아무렇게나 넣어 둔 서류가 그 안에 들어 있었다. 과연 팀장의 말대로 이름 옆에 쓰인 숫자는 그 직원이 받는 월급임에 틀림없었다.

알파는 종이를 넘겨가며 자신의 이름을 찾았다. 그리고 위아래에 적힌 사장의 월급과 팀장의 월급까지 확인할 수 있었다.

마, 말도 안 돼!!

직원 이름	월급	세금 계산 후 최종 금액
알파 인턴	100만 원	90만 원
비타 팀장	400만 원	360만 원
사장	1000만 원	900만 원
⋮	⋮	⋮

"내가 어제 집에도 못 가고 야근을 했는데, 월급이 고작 90만 원이라고요?"

사무실의 사람들이 알파의 목소리를 듣고 술렁거렸지만 알파는 신경 쓰지 않고 계속 따져 댔다.

"노력만 한다고 무조건 다 되는 줄 알아요? 이렇게 월급을 적게 받는데 어떻게 성공을 하냐고요. 어휴, 더러운 세상!"

화가 머리끝까지 난 알파는 이 체험을 서둘러 끝내고 싶었다. 채는 끝내고 싶을 땐 언제나 문을 열면 된다고 했다. 알파는 씩씩거리며 처음 들어올 때 열었던 문을 확 열어젖혔다. 그러나 그의 눈에 보인 풍경은 이번에도 지식카페의 뒤뜰은 아니었다.

알파는 처음으로 노인이 되어 본 것에 놀랄 새도 없이 사장실로 들어갔다. 조금 전 보았던 사장의 방에 비하면 볼품없을 정도로 작고 소박한 사장실이었다. 살짝 당혹스러웠지만 인턴보다는 사장 쪽이 훨씬 나으니 그냥 좋게 생각하기로 했다.

　알파는 서류 내역을 꼼꼼하게 살펴보았다. 맨 위에는 알파의 월급이 적혀 있었다. 천만 원이라는 숫자를 확인한 후 알파는 만족스러운 미소를 지었다.

　'그래, 그래도 이번 생에서는 한 달에 천만 원 정도는 벌게 되었군. 하긴, 그만큼 열심히 했을 테니까.'

　알파는 만년필을 꺼내 들고 종이의 아래쪽에 서명을 하려고 했다. 그러자 비서가 다급하게 말리는 게 아닌가.

　"아니요, 뒷장에 하셔야죠. 뒷장에 쓰인 금액이 최종적으로 계산된 실제 수령액이니까요."

　"아, 그렇지 참. 내가 이렇게 정신이 없다니까. 허허허."

　웃으며 뒷장을 넘긴 알파는 숨이 턱 막히는 것 같았다.

"불공평하다뇨? 우리나라는 복지국가잖아요!"

비서는 또박또박 말을 이었다.

"사장님은 많이 버시니까 당연히 그만큼 세금도 많이 내셔야죠. 막내 인턴은 소득이 낮지만 최소한의 삶을 누릴 수 있게 국가에서 지원해 주는 거고요."

알파는 무언가를 말해 보려고 입을 열었지만 할 말이 생각나지 않았다. 비서는 틈을 주지 않고 계속 말을 이어갔다.

"사장님 같은 분들이 세금을 많이 내야 국가가 더 많은 국민들에게 좋은 제도를 제공할 수 있는 거 아니겠어요?"

비서의 말투가 마치 약올리는 것처럼 느껴지자 알파는 체면도 잊고 버럭 소리를 질렀다.

유치하기 짝이 없었지만 알파는 아랑곳하지 않았다.

"당신 말대로 나는 평생 회사를 위해 뼈 빠지게 일했어. 월급을 받는 족족 회사에 투자했지. 여행 한 번 못가고 제품 개발과 서비스를 위해 밤새 연구했다고! 그래서 얻은 게 뭐가 있나? 고작 비좁은 사장실과 여기저기 병든 몸뚱아리 하나? 그딴 거 얻겠다고 내가 이 고생을 한 줄 알아?"

알파는 하고 싶은 말이 많았지만 막상 그녀의 말에 한마디도 대꾸할 수 없었다. 늙고 허약해진 그의 몸은 잠깐 화를 낸 것만으로도 견디기 힘들 정도로 숨이 차올랐기 때문이었다. 혈압이 오르고 심장이 너무 빨리 뛰는 느낌이 들었다. 알파는 여기서 우스꽝스럽게 쓰러지고 싶지 않았다.

"몰라! 나 안 해! 그만한다고!"

그는 들어왔던 문을 찾아 손잡이를 거칠게 잡아당겼다.

벌컥 문이 열리자 향긋한 커피 향이 느껴졌다. 저 멀리 흐릿하게 그라인더로 원두를 갈고 있는 채의 뒷모습이 보였다.

알파는 씩씩대며 문 밖으로 뛰쳐나갔다.

당신은 어떤 사회를 선택하겠는가?

○ 정부의 시장 개입

정부는 시장에 개입합니다. 그러나 상황에 따라 약하게 개입할 수 있고, 강하게 개입할 수도 있어요. 정부의 개입이 적어지면 세금이 줄어들고 그에 따른 복지 정책도 줄어들지요. 반면 정부의 개입이 커지면 세금이 늘어나지만 시장의 자유는 줄어듭니다.

> ① 시장의 **자유**를 추구한다.
> = 정부의 개입을 최소화한다. (세금↓, 복지↓)
>
> ② 시장의 **자유**를 축소한다.
> = 정부의 개입을 강화한다. (세금↑, 복지↑)

○ 두 개의 사회

소득: A 1000만 원 / B 500만 원 / C 100만 원

자, 여기 A,B,C 세 사람이 산다고 합시다. 이들은 각자 다른 월급을 받아요. 돈을 많이 버는 사람도 있고, 적게 버는 사람도 있지요. 이 세 사람이 세금 제도가 다른 두 개의 사회를 경험하게 되었어요.

첫 번째 사회는 최소한의 세금을 요구하는 사회로 A, B, C는 각각 자신이 번 돈의 10% 만큼의 세금을 냅니다.

사회 ①

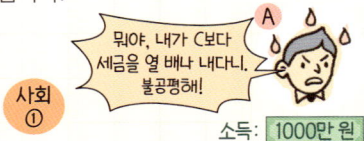

A: "뭐야, 내가 C보다 세금을 열 배나 내다니. 불공평해!"

	A	B	C
소득	1000만 원	400만 원	100만 원
실제로 받는 돈	900만 원	360만 원	90만 원

두 번째 사회는 많이 벌수록 세금을 내는 비율도 높아지는 사회예요. 그래서 A는 소득의 60%를, B는 40%를, C는 0%의 세금을 내게 되었어요. 게다가 A와 B에게 거둬들인 세금은 C의 복지를 위해 사용한다고 해요.

사회 ②

 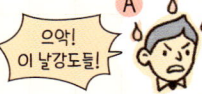

A: "으악! 이 날강도들!"
C: "대부분의 국가에선 누진세 제도를 실시하는걸?"

	A	B	C
소득	1000만 원	400만 원	100만 원
실제로 받는 돈	400만 원	240만 원	100만 원 +복지

정리하자면 첫 번째 사회는 정부의 개입이 적어 세금이 낮고, 복지도 적은 사회예요. 두 번째 사회는 세금이 높고 복지가 많은 사회지요. 둘 중에 한 사회를 골라야 한다면 여러분은 어떤 선택을 할 건가요?

세금과 복지

아주 먼 옛날 인류는 정착생활과 함께 공동체를 만들어 살아가기 시작했다. 이에 따라 대규모로 사냥을 하거나 부족 단위로 제사를 지내는 등 공동으로 결정하고 진행해야 하는 일도 생겨났고 그 일을 하기 위한 비용과 노동력도 필요했다.

그래서 사람들은 각자 조금씩 비용을 부담했고 누가 얼마나 낼 것인가에 따른 규칙을 정했다. 이것이 오늘날의 세금의 시작이었다.

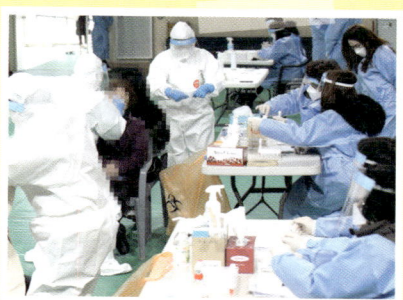

의료복지 전염병이 퍼졌을 때 국민들에게 무상으로 백신을 주사하는 것은 세금을 활용한 복지의 일환이다.

세금은 국가나 공공단체가 공적인 일에 사용하기 위해 국민들로부터 의무적으로 거두는 돈을 말한다. 이 돈은 국가를 유지하고 국민의 삶을 행복하게 하는 다양한 곳에 쓰인다. 도로, 항구, 댐 등 기반 시설을 건설하는 일, 나라를 지키고 국방을 튼튼히 하는 일, 범죄를 예방하고 질서를 지키는 일, 학교를 만들고 교육하는 일, 공원이나 박물관, 문화 유적 등 문화시설을 관리하는 일, 국민의 건강을 돌보거나 가난하고 불편한 사람을 돕는 일 등이다. 이처럼 국민이 행복하게 삶을 누리도록 국가가 지원하는 것을 '복지'라고 한다. 대한민국의 경우, 질병이나 재해 등의 이유로 사회 구성원들이 어려움에 처했을 때, 최소한의 인간다운 생활을 할 수 있도록 국가가 지원해 주는 사회보장제도를 실시하고 있다.

또한 정부는 세금을 통해 시장 경제에 개입하기도 한다. 세금을 늘려 부자들의 소득을 가난한 이들에게 나눠 주거나 세금과 규제를 줄여 투자를 활성화하는 것이다. 이렇게 늘어나거나 줄어든 세금은 그 사회의 복지 수준을 결정한다.

사회적 빈부격차 사회 구성원들의 소득 차가 커지면 사회적 갈등이 발생하므로 정부는 세금을 통해 안정을 꾀한다.

Break Time
내가 살고 싶은 사회

여기 서로 다른 형태의 두 가지 사회가 있어. 첫 번째 사회와 두 번째 사회의 특징을 잘 읽고, 내가 살고 싶은 사회를 골라 보자. 정답은 없어. 내 생각과 이유를 자유롭게 적으면 돼.

첫 번째 사회

장점
- 최소한의 세금만을 요구한다.
- 자유로운 시장에서 사람들이 최선을 다해 일한다.
- 일한 만큼 벌고, 번 만큼 쓸 수 있다.
- 개개인이 경쟁하고 경쟁을 통해 생산량이 늘어난다.
- 능력과 노력에 따라 소득이 달라진다.

단점
- 소득의 격차가 너무 심하다.
- 소득이 적은 사람의 상대적 박탈감이 심하다.
- 불평등으로 사회가 불안정해지고 갈등이 커진다.
- 갈등을 해결하기 위한 사회적 비용도 필요하다.

두 번째 사회

장점
- 세금을 강력하게 걷고 그만큼 복지가 좋다.
- 정부가 시장에 적극적으로 개입한다.
- 사회 갈등이 줄어들고 그에 따른 비용도 감소한다.
- 가난한 사람과 부유한 사람의 간극이 적어서 서로 경쟁해 볼 만하다고 생각하며 열심히 일한다.

단점
- 열심히 일해도 소득의 대부분을 세금으로 내야 한다.
- 오히려 소득이 높은 사람이 박탈감을 느낀다.
- 부유한 자들이 경쟁을 피하고 투자를 하지 않는다.
- 생산성이 감소하고 경쟁력이 약해진다.
- 사회 전반의 침체로 이어질 수 있다.

- 두 사회 중 내가 살고 싶은 사회는 어디인가요? _____
- 그 이유는 무엇인가요?

_____

3 자본주의와 공산주의

생산수단의 달콤함

"쿵! 쿵! 쿵!"

맘모스의 소리가 아니라, 체험을 끝내고 나온 알파의 발소리였다. 채는 어리둥절한 눈으로 알파를 보았다.

얼굴이 벌겋게 상기된 알파가 분에 못이긴 듯 씩씩거리고 있었기 때문이었다. 알파는 멱살이라도 잡을 듯이 달려와 거칠게 소리부터 질렀다.

자기 목소리에 놀란 듯 잠시 두리번거린 알파는 저 멀리 앉아 있는 손님을 발견하곤 목소리를 조금 낮추었다.

"이봐, 한쪽은 소득 격차가 너무 심하고 다른 한쪽은 세금을 너무 많이 떼어 간다고. 제도를 이런 식으로 만들면 어떻게 살라는 거야? 너무 극단적이잖아!"

채는 그제야 알파가 무슨 일을 겪었는지 이해할 수 있었다.

"오해가 좀 있는 것 같은데, 알파가 체험한 상황은 제가 만든 게 아니에요. 알파의 의식이 만들어 낸 거라고요."

알파는 숨을 고르며 조금 전 체험했던 두 개의 삶을 떠올려 보았다. 겉보기엔 비슷하지만 완전히 다른 사회였다. 우선 첫 번째 사회에서 만난 사람들부터 하나하나 떠올렸다. 성공을 꿈꾸며 열심히 일하던 자기 자신과 옆자리 팀장, 그리고 사무실을 가득 채운 수많은 직원들, 화려하게 꾸며진 사장실까지 찬찬히 생각해 보았다.

가만히 알파의 말을 듣던 채가 거들었다.

"그러면 일의 능률이 높고 경기도 활성화됐겠네요."

알파는 고개를 끄덕였다. 처음 들어선 사무실의 열기가 눈에 선했다. 모두 열정적으로 일하고 있었고, 회사의 성과도 나쁘지 않았다.

알파는 월급 명세서에 적힌 숫자를 떠올렸다. 사장과 대조되는 적은 금액과 각자의 생활은 고려하지 않고 똑같이 떼어 가는 세금을 생각하니 다시 화가 났다. 그 돈으로는 저축을 할 수도, 투자를 할 수도 없었다. 알파 같은 처지에서 돈을 모아 성공한다는 건 아예 불가능해 보였다.

"노력해도 따라잡을 수 없다는 걸 알고부터는 짜증이 나더라고! 사회에서 소외된 느낌이 드니까 어찌나 불안하던지."

알파가 씩씩대자 채는 메모지를 꺼내 무언가를 끄적였다.

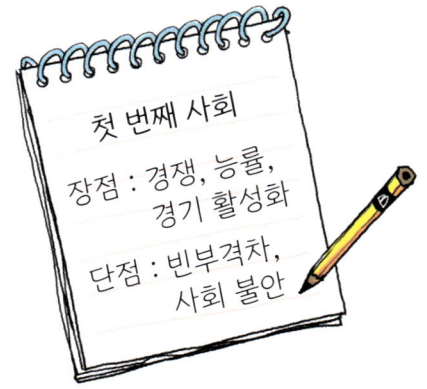

"그렇다면, 두 번째 사회는 어땠어요?"

채가 묻자 알파는 잠시 생각에 잠겼다. 두 번째 사회에서 그는 사장이었고, 직원들의 월급을 최종으로 확인했다. 서류에 적힌 직원들의 월급은 직급에 따라 차이가 있긴 했지만 실제로 받는 금액은 비슷했다. 소득이 높은 사람은 세금을 많이 냈고, 소득이 낮은 사람은 세금을 적게 냈기 때문이었다. 그렇게 모은 세금으로는 가난한 사람들이 삶을 유지할 수 있도록 다양한 지원을 해 준다고도 들었다.

그러나 이내 고개를 저었다. 자신은 열심히 번 돈을 세금으로 갖다 바치는데 적게 일하고 능력도 없는 사람들이 그 혜택을 고스란히 받을 것을 떠올리자 속에서 천불이 이는 것 같았다.

두 번째 사회의 세금 정책에 불만을 가진 건 알파만이 아니었다. 유능한 이들이 다른 나라로 많이 떠나 버렸다니 말이다.

"제대로 대우를 못 받으니 능력자들이 다른 나라로 이민을 가 버리던데? 당연하지! 나라도 그러겠어. 인재들이 떠나는데 나라가 제대로 발전할 수 있겠냐고!"

"음, 그렇군요."

채는 이번에도 메모지를 열어 사각사각 무언가를 적었다.

그 사회의 장점과 단점을 간략하게 요약한 것이었다.

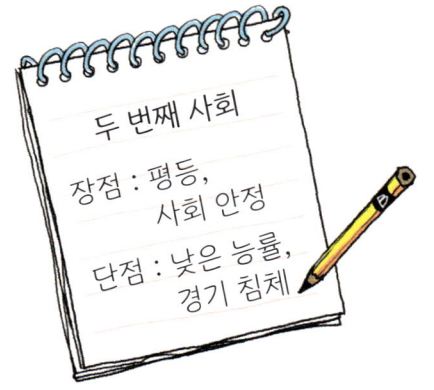

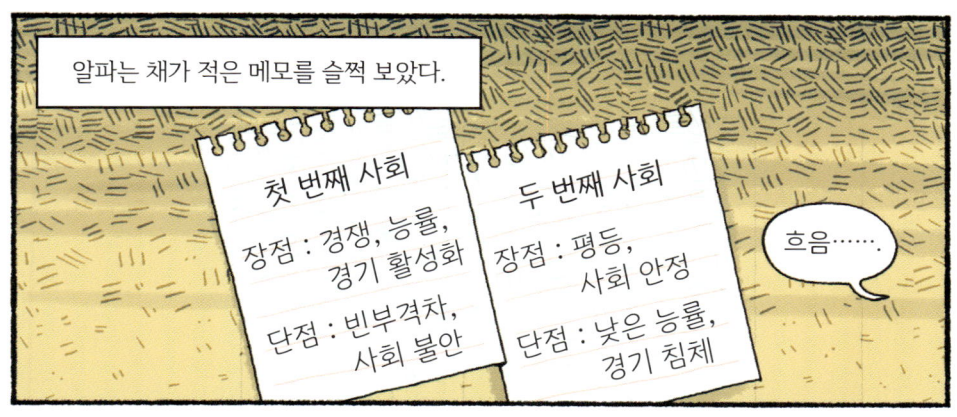

그렇다. 알파는 그 누구보다 잘 알고 있었다. 아주 먼 옛날, 선사 시대의 오메가는 돌조각을 손에 넣었고 다른 사람보다 더 많은 잉여 생산물을 만들어 냈다. 말하자면, 돌조각은 더 많은 부를 축적할 수 있게 해 준 첫 번째 생산수단이었던 셈이다. 생산수단을 독점한 오메가는 대대손손 막대한 부를 누렸다. 그러나 생산수단이 없었던 알파는 몸으로 일해야 했고, 오메가와 알파의 간극은 시간이 갈수록 점차 벌어졌다.

산업혁명 이후, 알파는 부단히 노력하여 공장을 손에 넣었다. 탁월한 선택이었다. 공장을 갖게 된 알파는 엄청난 부자가 되었다. 그러나 그의 밑에서 일하는 노동자들은 과거 알파가 노예 생활을 했던 것처럼 몸으로 일하며 생계를 이어가야 했다. 아무리 애쓰고 노력해도 부의 간극은 좁혀지지 않았다.

알파는 이미 깨달은 것이다. 부는 잉여 생산물이 아니라 생산수단이 있느냐 없느냐에 따라 달라진다는 것을.

맞아요. 그래서 공산주의 사회는 개인이 생산수단을 가질 수 없게 막지요.

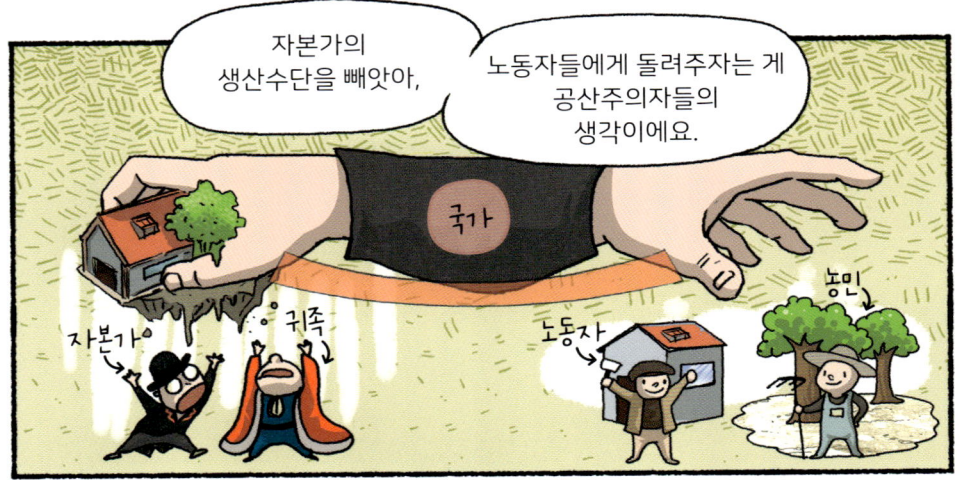

"고마워, 채. 이제 확실히 알겠어. 두 사회가 어떻게 다른지."
알파는 뭔가 깨달은 듯 희미하게 웃었다. 남몰래 해 오던 고민이 해결된 듯한 표정이었다.

"그럼 알파는 두 사회 중 하나의 사회만 선택할 수 있다면, 어디로 가겠어요?"

채가 묻자 알파는 고민도 하지 않고 말했다.

"첫 번째 사회로 갈 거야. 거기서 사장을 해야지."

채는 한 방 맞은 듯한 느낌이었다. 조금 전까지만 해도 알파를 정식 직원으로 고용할 생각이었다. 그러나 알파의 표정은 그 일이 절대 불가능하다고 말해 주는 것 같았다.

"무슨 생각을 그렇게 하고 있어요?"

채의 목소리에 알파는 흠칫 놀라 대답했다.

"아, 아니야. 아무것도."

채는 원두가 담긴 봉투를 보여 주었다. 어쩐지 알파에게 필요할 것 같은 느낌 때문이었다.

"자, 드세요. 연하게 내렸어요."

채는 알파에게 주는 선물이라는 생각으로 천천히 음료를 만들었다. 그러나 알파는 그 커피를 단숨에 벌컥벌컥 마시고는 급하게 뒤뜰로 달려 나가 버렸다. 마치 기다리는 사람이라도 있는 것처럼.

"난 인간이란 존재가 이기적이라는 사실이 참 마음에 드네."
애덤 스미스는 알파 쪽으로 접시를 밀어 주며 말했다.

"이 식탁을 보게. 참 풍요롭지 않은가?"

알파는 테이블 위에 차려진 베이컨과 삶은 달걀, 신선한 우유와 샐러드를 바라보았다. 화려하지는 않았지만 먹음직스럽고 단정한 차림이었다. 애덤 스미스는 말을 이었다.

"우리가 이렇게 멋진 식사를 하는 게 양조장 주인, 푸줏간 주인, 빵집 주인의 자비심 때문일까?"

"물건을 사는 사람은 깎으려고만 하고, 파는 사람은 바가지를 씌우려고 해. 참 이기적인 인간들이야. 그러나 괜찮네."

애덤 스미스는 홍차를 한 모금 마신 후 말을 이어갔다.

"보이지 않는 손이 그 사이에서 균형을 잡아가면서 결국 이익으로 이끌 테니까. 세상에는 크고 작은 악이 존재하지만 그것을 통해 궁극의 선을 추구하는 신의 섭리처럼 말이지."

알파는 강한 확신이 들어 희미한 미소를 지었다.

'그래, 역시 내 생각이 맞았어.'

이 가상 체험을 끝내자마자 해야 할 일이 무엇인지, 알파는 분명히 알 것 같았다.

생산수단을 허하노라

○ '부'의 종류

경제체제를 크게 나누면 자본주의와 공산주의로 구분할 수 있어요. 많은 사람들이 공산주의 사회에서는 '사유재산'을 인정하지 않는다고 해요. 하지만 이는 반 정도만 맞다고 할 수 있어요. 우리가 사유재산이라고 부르는 개인의 부와 재산은 크게 두 가지로 나눌 수 있거든요.

○ 빈부격차의 원인, 생산수단

공산주의자들은 생산수단이 사회적 불평등을 일으키는 문제라고 생각했어요. 생산수단을 독점한 사람은 막대한 부를 축적하지만, 그렇지 못한 이들은 끊임없이 노동을 하며 생계를 유지해야 하거든요. 그래서 자본가의 생산수단을 빼앗아 노동자에게 돌려주고, 노동자들이 공동으로 소유한 생산수단은 국가가 관리하고자 했지요. 이처럼 국가가 생산수단을 관리하는 것을 '국유화'라고 하고, 개인이 생산수단을 소유할 수 있게 하는 것을 '민영화'라고 불러요.

즉, 자본주의와 공산주의는 '사유재산'이 아니라 '개인의 생산수단 소유'를 인정하는가에 따라 나뉘어집니다.

개인 소유의 인정 여부

	생산수단	잉여 생산물
자본주의	○	○
공산주의	×	○

여러 가지 경제체제

경제체제는 생산수단을 기준으로 크게는 공산주의와 자본주의로 분류된다. 자본주의도 세부적으로는 더 많은 체제로 나눌 수 있는데, 여기서는 정부와 시장의 관계에 따라 '초기 자본주의', '후기 자본주의', '신자유주의'로 구분하도록 하겠다.

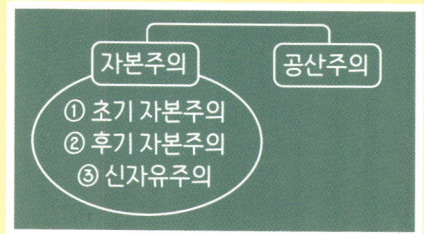

가장 먼저 등장한 것은 '초기 자본주의'다. 당시에는 시장이 자유로웠다. 정부는 시장에 개입하지 않았고, 세금 또한 거의 없는 것과 마찬가지였다.

그 후, 초기 자본주의에 여러 문제점이 발생하자 그 문제점을 극복하기 위해 '후기 자본주의'가 등장했다. 후기 자본주의는 시장의 자유를 줄이고 정부가 적극적으로 시장에 개입하는 구조다. 시간이 지나자 후기 자본주의에도 문제가 발생했고 이것을 비판하며 '신자유주의' 경제체제가 등장했다. 다시 정부의 개입을 줄이고 시장의 자유를 키우고자 하는 경제체제라고 볼 수 있다.

정부가 시장에 개입하는 도구는 물론 세금이다. 초기 자본주의가 세금과 복지가 없는 세상이라면, 극단적인 공산주의는 세금과 복지가 100퍼센트에 가까운 세상일 것이다. 후기 자본주의는 시장의 자유보다 정부의 개입을 강조한다. 따라서 세금이 높고 복지가 강화된 형태다. 신자유주의는 시장의 자유를 더 중요하게 생각하기 때문에 상대적으로 세금이 낮고 복지 또한 약하다. 이처럼 정부의 개입과 세금에 따라 경제체제는 여러 형태로 나뉠 수 있다.

Break Time
정부의 개입

마스터가 여러 경제체제가 적힌 카드를 보고 있어. 정부의 힘이 가장 큰 순서부터 작은 순서까지 카드를 나열해 볼까?

A 초기 자본주의
18세기, 애덤 스미스가 정리했어요.

B 후기 자본주의
20세기, 영국 경제학자 케인스가 얘기했어요.

C 공산주의(사회주의)
생산수단을 노동자들이 공동으로 소유하자는 이념이에요.

D 신자유주의
1970년대 이후, 시카고 학파에서 출발했어요.

← 정부의 힘이 큰 쪽 　　　　　　　　　　　　　　　정부의 힘이 작은 쪽 →

①	②	③	④

4 초기 자본주의 1

개인의 이기심을 믿어요

가상 체험이 끝나자마자 알파는 채의 카페에서 도망치듯 빠져나갔다. 그가 향한 곳은 근방의 부동산이었다. 알파는 주변의 상가들을 살펴보았고 큰 고민 없이 건물 한 채를 계약했다.

그다음 인테리어 업체와 연락해 공사 날짜를 잡더니, 주방과 홀에 필요한 각종 집기들을 사들이기 시작했다. 이 모든 일들이 믿을 수 없이 빠른 속도로 이루어졌다.

알파는 빙그레 웃으며 채의 어깨를 툭툭 두들겼다.

"왜 이리 화가 나셨나? 채, 흥분할 거 없어. 우리나라는 개인의 자유를 존중하는 자본주의 국가라고."

채는 어이가 없어서 눈만 끔뻑거렸다. 알파는 아랑곳하지 않고 계속 말했다.

"나뿐 아니라 그 어떤 사람이라도 자기의 이윤을 추구하기 위해 이곳에 새로운 가게를 차릴 수 있어. 안 그래?"

"그건 그렇지만, 아무리 그래도……."

"어휴, 정말 알파 당신은……."

채는 마지막 말을 잇지 못하고 고개를 절레절레 흔들며 돌아섰다. 무슨 말을 해도 알파의 고집을 꺾을 수는 없을 터였다. 게다가 아주 틀린 말도 아니었다. 옆에서 지켜보던 마스터도 덩달아 한숨을 푹 쉬었다. 뭔가에 꽂히면 말이 안 통하는 알파의 성격은 선사 시대부터 알고 있었으니까.

그렇게 알파의 '커피 하우스'가 문을 열었다. 알파는 채의 지식카페의 콘셉트를 차용하였고 조금 변형하여 자신의 카페를 운영했다. 카페 벽면에는 채보다 더 많은 책을 장식했고, 손님들이 헌책을 사고팔 수 있게 비치해 두었다.

오랜 세월 이 지구상에 살아온 알파였다. 덕분에 각 시대를 대표하는 빼어난 예술품과 서적으로 카페를 장식할 수 있었다. 관심이 있는 손님들은 작은 박물관처럼 꾸며진 이 카페의 특별함과 주인의 안목에 감탄하곤 했다.

문학이나 역사를 좋아하는 많은 사람들이 모여서 세미나를 하거나 강연을 할 수 있는 넓은 자리도 만들었다. 사진 찍기 좋은 포토존도 근사하게 꾸몄으며 지적 체험을 자랑할 수 있게 SNS 이벤트도 종종 열었다.

채의 카페에서 느끼지 못했던 즐거움을 찾아 많은 손님들이 모여들었다.

채의 예감대로 예전 만큼 알파를 자주 보는 일은 어려웠다. 알파의 얌체 같은 행동 때문에 사이가 어색해진 이유도 있겠지만 무엇보다 각자의 가게에서 돈을 버느라 바빴기 때문이었다. 카페를 운영하는 것은 쉬운 일이 아니었다. 문 열기 전부터 마감 이후까지 할 일은 끝이 없었다. 어느덧 알파는 채의 소식을 단골손님으로부터 전해 듣는 지경에까지 이르렀다.

세월은 하릴없이 흘러갔다. 알파는 알파대로 정신없이 일했고, 채도 최대한 수익을 내기 위해 노력했다.

알파가 말한 대로 시간이 지나자 이 지역은 분위기 좋은 카페들로 유명해졌으며 친구나 연인들과 시간을 보내기 위해 멀리서 찾아오는 손님들로 붐비기 시작했다.

　조금 이기적인 면이 있긴 했지만 알파는 성실한 경영자였고, 능력 있는 일꾼이었다. 그는 실제로 말한 것들을 하나하나 지켜 나갔다. 카페 문을 닫은 이후엔 밤늦도록 새로운 메뉴를 개발하기 위해 애썼고, 모든 손님에게 웃으며 친절하게 대했다. 직원 교육도 철저히 해서 매장을 항상 청결하게 유지했다. 당장은 조금 손해가 나더라도 꾸준히 노력하면 결국 보답이 올 거라는 사실을 믿었기 때문이었다.

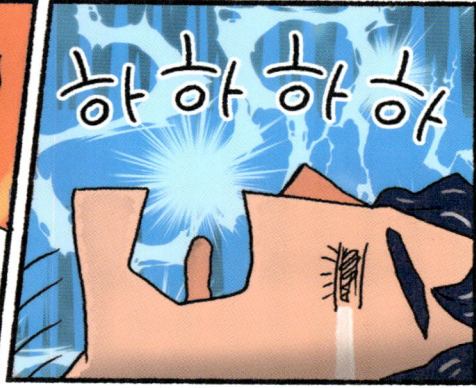

손님 앞에서는 여유 있는 척 웃어 넘겼지만 사실은 불안한 알파였다. 손님이 없는 주방으로 들어간 알파는 문을 쾅 닫고는 구시렁거리기 시작했다.

"흥, 채 녀석. 정통 커피 전문점인 듯 도도하게 굴더니, 결국 남이 하는 건 다 따라 하는 건가? 치사한 놈 같으니."

"오픈 하자마자 이 지역을 대표하는 대형 카페로 벌써 유명해졌어요."

알파는 불안감이 엄습해 오는 걸 느꼈다. 자본주의 사회에서 경쟁은 꼭 필요하겠지만, 상대가 너무 막강하다면 재미없지 않겠는가. 알파는 허겁지겁 매출 장부를 꺼내 열어 보았다. 하루하루 적어 둔 매출 금액을 살펴보던 알파는 다급한 목소리로 에이미에게 물었다.

"그 카페가 언제 문 열었다고 했죠?"

"글쎄요, 한 2주일 됐나?"

알파의 등에 식은땀이 흘렀다. 정확히 2주일 전부터 매출이 떨어지고 있었다. 알파의 손님들이 경쟁 업체로 빠져나간 것이 확실했다.

에이미도 장부를 넘겨보더니 한숨을 쉬었다. 눈에 띄게 판매량이 감소했다는 걸 바로 눈치 챌 수 있었다.

"하루하루가 다르게 매출이 떨어지고 있네요!"

"그, 그래. 하지만 일시적인 현상일 수도 있어. 원래 오픈 하면 호기심에 손님이 몰리잖아."

"물론 그럴 수도 있지만……."

에이미는 조심스럽게 말을 이었다.

"새로 생긴 그 카페, 맛도 서비스도 꽤 괜찮았어요. 인터넷에서 사람들 반응도 좋더라고요."

알파는 머리가 지끈거렸다. 이제 좀 수익을 내보려는 시점에 이렇게까지 손님을 빼앗기다니.

알파는 초조했다. 그동안 이런 저런 사업을 하면서 실패했던 경험들이 떠올랐다. 물론 일시적인 현상일 수도 있지만 위기가 닥쳐왔을 때 해결 방안을 생각하지 못하고 어영부영 시간을 넘기다 보면 결국 큰 손해만 남기고 일을 접게 마련이었다.

"차라리 우리 가게에서 커피 가격을 좀 낮추는 건 어떨까요? 비타 커피 팩토리도 커피 한 잔에 저희와 똑같은 값을 받고 있더라고요."

알파는 에이미의 말을 듣자마자 짜증이 솟구쳐 올랐다.

"이봐요, 지금도 내가 가져가는 이익은 거의 없는 것과 다름없다고! 여기서 어떻게 값까지 더 깎으라는 거죠?"

알파는 며칠 동안 곰곰이 생각했다. 여러 번 계산기를 두드려 보고 원가를 다시 맞춰 보았다.

지금 알파의 카페에서 아메리카노 한 잔의 가격은 5,000원. 그 안에는 카페를 운영하기 위한 여러 비용들이 녹아 들어가 있다. 순수하게 남은 순이익은 얼마 없지만 위기를 넘어서기 위해 일정 기간 동안 그 순이익을 조금 더 줄일 수 있을까?

다음날 아침, 일찍 출근한 알파는 매장 안에 비치된 모든 메뉴판을 수정했다. 밤새 고민한 끝에 가격을 낮추기로 결심한 것이다.

'당분간 이 가격으로 한번 가 보자. 열심히 노력하면 다시 기회는 찾아오겠지.'

4,800원은 이 지역 카페 중에서 가장 싼 가격이었다. 그러나 알파는 원두를 바꾸지 않았다. 음료의 양도 줄이지 않았다. 품질은 그대로 유지하면서 가격만 낮춘 것이다. 알파의 작전은 성공했다. 결국 경쟁 업체에 빼앗긴 손님들이 돌아오기 시작했다.

손님들의 칭찬을 들을 때마다 알파는 흐뭇하게 고개를 끄덕였다. 그는 소비자의 마음을 얻기 위해서 노력했고, 그 보상을 받았다. 자본주의 시대, 성공하고 싶다는 작은 이기심으로 일을 시작했고 정직하고 지혜로운 방식으로 훌륭한 상품과 서비스를 제공한 것이다.

 시장 경제의 핵심은 가격 결정이다. 그러나 상품의 가격은 국가나 신이 조절해 주지 않아도 알아서 결정되었다. 판매자와 소비자 모두 만족할 수 있는 선에서, 마치 '보이지 않는 손'이 조절해 주는 것처럼 말이다.

 좋은 경쟁은 좋은 사회를 만든다. 알파는 자신의 노력 덕분에 지역과 사회, 소비자의 삶이 조금씩 발전해 나간다고 생각했다. 그는 애덤 스미스와 함께 먹었던 아침 식사를 떠올렸다. 뿌듯한 미소가 입가에 번졌다.

 '역시 당신 말이 맞았습니다. 스미스 선생님……'

채사장의 핵심 노트

> # 시장은 자유다

○ 초기 자본주의

초기 자본주의는 말 그대로 가장 초기에 등장한 경제 이론이에요. 자본주의라는 것이 처음 시작되었던 근대 산업 혁명기에 만들어진 개념이지요. 18세기에 살았던 경제학자, 애덤 스미스가 이 이론을 정립한 대표적인 인물이랍니다.

○ 보이지 않는 손이 존재한다

애덤 스미스는 국가가 간섭하지 않아도 시장은 스스로 가격을 조절할 것이라고 말했어요. 시장의 자율적인 조정 능력을 '보이지 않는 손'이라는 말로 표현했지요. 국가나 신과 같은 절대적 존재가 없어도 판매자는 스스로가 망하지 않는 선에서 교묘하게 가격을 결정한다는 말이에요.

○ 초기 자본주의의 문제는?

위의 이야기만 보면 초기 자본주의는 아주 이상적인 경제체제처럼 보이네요. 그런데 정말 다른 문제는 없을까요? 초기 자본주의 시장에서 누가 이익을 얻는지 곰곰이 생각해 본다면 이 체제의 문제가 보일지도 몰라요.

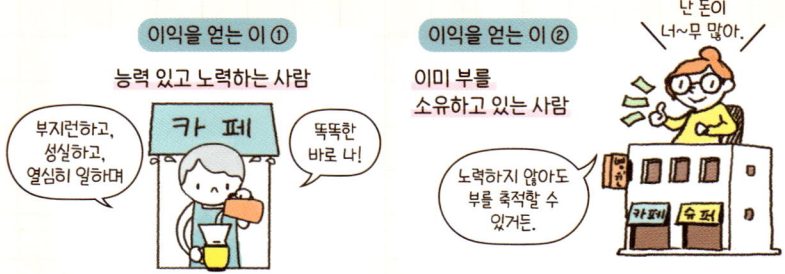

애덤 스미스의 《국부론》

애덤 스미스(1723~1790)

이윤 추구를 목적으로 자본이 지배하는 경제체제. 우리는 이를 '자본주의'라고 부른다. 애덤 스미스는 이와 같은 자본주의 이론을 체계화한 사람으로, 흔히 경제학의 아버지라고 불린다.

그는 영국 대학의 법학 교수였고, 인간의 이타성에 관심이 많았다. 그는 저서 《도덕 감정론》에서 인간은 이기심만 가진 존재가 아니며 동정심에 기초해 도덕적 판단을 내린다고 하였다. 그러나 다른 저서 《국부론》에서는 인간의 '이기심'을 강조하였다.

> "우리가 저녁식사를 할 수 있는 것은 푸줏간 주인이나 제빵사들의 자비심 덕분이 아니다. 오히려 그들의 돈벌이에 대한 이기심 덕분이다."

《국부론》에 적힌 이 문장은 역사상 가장 유명한 문구로 손꼽힐 것이다. 애덤 스미스는 인간이 이기적이고 합리적인 존재라고 생각했고, 이것이 꼭 나쁘다고만 보지 않았다. 이 이기적이고 합리적인 생각 덕분에 공동체의 부가 커지기 때문이다.

돈을 벌기 위한 이기적인 마음 덕분에 사람들은 경쟁 속에 뛰어들고, 그 안에서 내가 가진 자원을 효율적으로 배분하기 위해 고민할 것이다. 국가는 스포츠 경기의 심판처럼 경쟁이 일어날 수 있는 환경만 마련해 주면 된다고 보았다.

애덤 스미스의 《국부론》은 최초의 경제학 저서로, 처음으로 자본주의를 체계적으로 분석했다는 평가를 받는다. 지금까지 우리가 사용하는 경제학의 방법과 용어를 만들었으며, 생산량을 늘리고 사회와 국가 전체의 이익을 높이는 방법을 통찰했다는 점에서 큰 의미를 갖는다.

19세기의 영국 우수한 기술력과 경제 이론을 바탕으로 당시의 영국은 세계 최고의 경제 강국이 되었다.

Break Time
어떤 물건을 살까요?

알파가 카페에서 일할 때 필요한 신발을 하나 사려고 해. 시장에 나와 있는 여러 신발 중에서 어떤 물건을 고르면 좋을까? 알파에게 가장 좋아 보이는 상품을 고르고 이유도 적어 봐. 이번에도 정해진 답은 없으니 자유롭게 생각을 펼쳐 보자.

A신발
가격: 900,000원
이탈리아 명품 브랜드

최고급 소가죽으로 만든 제품으로 오래 착용해도 발이 아프지 않다고 한다. 럭셔리한 디자인으로 예전부터 사랑을 받았지만 최근 스타들이 착용하여 더 유명해졌다.

B신발
가격: 200,000원
스포츠 브랜드 제품

유명한 스포츠 브랜드와 협업으로 나온 제품. 튀지 않는 디자인으로 다양한 스타일에 모두 어울린다. 부드러운 천으로 만들어져 착용감이 좋고 세탁이 편리하다.

C신발
가격: 40,000원
도매시장 제품

제품의 품질은 떨어지지 않지만 디자인은 유명 제품을 카피했다. 그러나 가격이 압도적으로 싸서 여러 개를 살 수도 있고, 다른 갖고 싶은 것을 살 수도 있다.

어떤 제품이 좋을까?

D신발
가격: 120,000원
새롭게 론칭한 브랜드

SNS를 통해 입소문이 나고 있는 제품이다. 이벤트 기간에 40% 할인을 한다. 특별한 상자에 선물 포장을 해 주며 신발 내부에 이름을 새겨 주는 서비스까지 하고 있다.

- 알파가 골랐으면 하는 신발은 무엇일까요?
- 그 이유는 무엇인가요?

되살아난
그날의 악몽

"왜 그래? 무슨 일인데?"

알파는 다급하게 되물었다. 멀리서부터 달려오느라 숨을 헐떡이던 에이미는 잠시 숨을 고르더니 가게를 찾아온 채의 눈치를 힐끗 보았다.

"무슨 일이냐니까?"

알파가 다시 묻자 에이미는 한숨을 내쉬고 대답했다.

"후유, 새로 생긴 비타 커피 팩토리 말이에요……."

알파는 계속 고개를 절레절레 저으며 중얼거렸다.

"이해가 안 가. 어떻게 한 잔에 4,000원이 될 수 있지?"

그러나 옆에서 이야기를 곰곰이 듣고 있던 채는 뭔가 스치듯 떠오르는 게 있는 얼굴이었다.

"전 이만 가 볼게요!"

채가 갑자기 인사를 하고 자리를 뜨자, 알파는 멀어지는 채의 뒤통수에 대고 큰소리로 외쳤다.

"이, 이봐! 어디로 가는 거야?"

그러나 채는 못 들은 척 걸음만 재촉할 뿐이었다. 조바심이 난 알파는 앞치마를 벗어 에이미에게 맡기고 그의 뒤를 몰래 뒤따라갔다. 채는 무언가 확인할 게 있는 사람처럼 바쁘게 걸어가고 있었다.

마을 어귀에 있는 야트막한 동산으로 빠르게 달려가던 채의 발걸음은 어느 지점에 도착하자 드디어 멈춰 섰다.
　'응? 저 녀석, 여긴 왜 온 거야?'
　주변을 살펴보던 알파는 하마터면 '아!' 하고 탄성을 내지를 뻔했다. 알파가 서 있는 위치에서 새로 생겼다는 비타 커피 팩토리가 훤하게 들여다보였기 때문이었다.
　과연 공장처럼 넓은 부지에 커다란 건물이 여러 채 있었고, 온갖 나무와 꽃들로 잘 가꿔진 산책로 곳곳에서도 커피와 휴식을 즐길 수 있는 자리가 마련되어 있었다.
　게다가 다른 가게들이 문을 열기도 전인 이른 시간부터 손님들이 바글바글했다.

마침 주말이어서 그런지 가족과 연인과 함께 활기찬 아침을 즐기려는 이들이 가득했던 것이다. 알파는 신경질이 나서 작게 중얼거렸다.

　'언제부터 아침 댓바람부터 커피를 마셔왔다고!'

　그러던 알파의 눈에 누군가가 눈에 띄었다. 매일 찾아와 늘 같은 커피를 마시던 단골손님들이었다. 알파는 자기도 모르게 소리를 질렀다.

　"으아아! 지금 내 단골들까지 여기 다 와 있는 거야?!"

잠시 흥분해서 소리를 질러 버린 알파는 '아차' 싶어 입을 막았지만 이미 늦었다는 걸 깨달았다. 저 멀리서 이쪽을 바라보는 채와 눈이 마주쳐 버린 것이었다.

채는 세상 한심하단 눈초리로 알파를 쏘아보았다.

알파는 이미 그에게 한 차례 손님을 빼앗겨 버린 채의 심정을 이해할 수도 있을 것 같았다. 혼자 작은 규모의 가게를 운영하는 채의 고민은 아마 더 컸을 것이다.

"본의 아니게 자네에겐 미안하게 됐네. 그래도 어쩌겠나, 자본주의 사회인걸……."

알파는 좀 어색해도 용기 내서 사과를 해 보았지만, 채는 아예 듣는 것 같지 않았다.

"건물주의 딸이라……. 역시 그랬군."

알파는 띵 하고 머리를 맞은 것 같았다. 이제 모든 게 한번에 이해가 되었다.

"이제야 알겠어. 그렇다면 커피 값을 저렇게 파격적으로 내리는 게 가능하지."

채도 고개를 끄덕였다.

"그렇죠. 저 자는 임대료에 대한 부담이 없을 테니까요."

지식카페로 돌아온 채는 다시 부지런히 움직였다. 커튼은 젖히고, 조명을 켜고 음악을 틀었다. 전날 미처 못 했던 청소를 마무리하고 손님을 맞이할 준비를 했다.

그러나 한참을 기다려도 손님은 찾아오지 않았고, 한낮의 햇빛과 적막만이 쏟아질 뿐이었다. 채는 빈자리에 털썩 앉아 자신의 카페를 천천히 둘러보았다.

한때는 혼자 주문을 처리하지 못해 허둥댈 정도로 장사가 잘되기도 했다. 음료를 기다리는 손님들이 길게 줄을 서고, 와글와글 떠들어 대던 목소리로 이 작은 공간이 빈틈없이 채워지던 때가 있었다. 물론 그때라고 해서 채가 버는 돈이 많았던 건 아니었다.

하지만 주변에 대형 카페들이 자꾸 생기면서 손님들의 수는 하루하루 다르게 줄어들기 시작했다. 최선을 다해 음료를 만들고 서비스를 제공했지만 경쟁에서 이길 수는 없었다. 건물을 가지고 있는 비타 사장과 채는 도저히 동등한 입장에서 경쟁할 수 없었기 때문이다.

채는 조심스럽게 자리에서 일어나 한쪽 벽에 놓인 책꽂이로 갔다. 그리고 구석에서 경제 책 한 권을 찾아 펼쳤다. 책등에는 '케인스'라고 쓰여 있었다.

알파도 어깨가 축 쳐진 채로 그의 가게로 들어갔다. 주머니에서 쏙 나온 마스터가 꼬리로 알파의 어깨를 톡톡 건드렸다.

"알파 괜찮아?"

알파는 대답 대신 그의 가게를 조용히 둘러보았다. 넓은 홀을 가득 채우던 손님들은 이제 경쟁 업체로 빠져나가 버렸다. 몇 팀의 손님들이 테이블을 채우고 있었지만 예전 같은 활기는 느껴지지 않았다.

 알파는 에이미와 눈이 마주치자 어쩔 수 없다는 듯 작게 한숨을 내쉬었다. 그는 바로 에이미를 직원 회의실로 불러들였다. 최근 가게 매출의 변화와 경쟁 업체라는 위기에 대해서 누구보다 잘 이해하고 있는 그녀였다. 차근차근 설명한다면 월급을 줄일 수 있을 것이다. 잠시 위기를 모면한 뒤에 그 이상의 보답을 해 주겠다고 약속할 셈이었다.

에이미는 싸늘하게 웃으며 자리에서 일어났다.

"알겠습니다, 사장님. 정말……, 실망스럽네요."

알파는 온몸에 힘이 다 빠져나간 것 같았다. 앞치마를 집어던지고 가게를 나가는 그녀를 붙잡을 힘도, 이 문제를 해결할 힘도 남아 있지 않았다.

다른 직원들까지 해고하는 데엔 시간이 좀 더 필요했다. 알파는 며칠에 걸쳐 직원들과 면담을 했고 임금 인하를 반대하는 직원들은 그 자리에서 해고했다. 그렇게 노동자 임금에 해당하는 비용을 아낄 수 있게 되었다.

'조금만 더 버티자. 이익이 늘어나면 가격도 조정하고, 다시 2호점 계획도 세울 수 있겠지.'

알파는 애써 자신을 다독이며 다시 열심히 일했다.

그러나 시간이 흐르고 흘러도 매출은 좀처럼 오르지 않았다.

알파는 알 수 없는 감정을 주체하지 못하고 카페 밖으로 달려 나갔다. 거리는 텅 비어 있었다. 몇 달 전만 해도 찾아오는 인파 때문에 발 디딜 틈 없이 북적거리던 길이었다. 그러나 한창 붐빌 퇴근 시간임에도 불구하고 거리는 한산했다. 식당에도, 술집에도, 옷가게에도 손님은 없었다.

그때 한 무리의 행인들이 알파의 앞을 지나갔다. 그들은 하루 일과를 마치고 퇴근하는 직장인들 같았는데 목소리며 걸음걸이에 기운이 하나도 없어 보였다.

"에휴, 이번에 영업부 김 대리도 구조조정 당했다면서?"

"그러게 말이야. 우리 매장도 희망퇴직 신청받고 있어. 회사가 어렵다는 건 알겠는데, 이거야 원 마구잡이로 자르기만 하면 어쩌자는 건지……."

알파는 오래전 잊고 지냈던 과거의 악몽들이 되살아났다. 해고를 당한 건 알파의 카페 직원들만이 아니었던 것이다. 그때도 그랬다. 공장에서, 가게에서, 회사에서, 사람들이 줄줄이 해고되었다. 실업자들은 일자리를 찾지 못해 거리를 떠돌았다.

대공황이었다. 하루아침에 주가가 폭락해 버린 검은 목요일, 길고 힘들었던 대공황의 배고픔이 떠올랐다. 갑자기 찾아온 가난의 기억은 실로 끔찍했다. 빚쟁이들은 돈을 달라며 악을 썼고, 굶주린 아이들이 거리를 떠돌았다.

그 과정을 겪으며 인류는 악랄하고 잔인해졌다. 히틀러라는 괴물이 영웅으로 떠받들어졌고, 다시 전쟁이 시작었다. 발전하던 인류는 나락으로 떨어졌으며 개인의 꿈과 열정은 철저하게 무시되었다.

보이지 않는 손은 모든 것을 해결할까?

○ 자본력의 차이

이야기 속에서 알파는 경쟁을 통해 결정된 적정한 가격에 커피를 팔고 있었어요. 그때 갑자기 비타가 가격을 대폭 낮춰 버립니다. 알고 보니 비타는 이미 건물을 소유하고 있었어요. 매장 임대료를 따로 부담할 필요가 없으니 그만큼의 가격을 뺄 수 있었던 것이죠.

○ 임금을 삭감하라

경쟁을 계속하기 위해 알파는 커피의 가격을 더 저렴하게 낮출 수 밖에 없었어요. 그러나 줄일 수 있는 비용은 노동자의 임금밖에 없었지요. 다행히 최저임금제도 같은 것이 마련되지 않은 자유 시장이었기 때문에 마음대로 직원들의 월급을 깎을 수 있었어요.

○ 노동자는 또 다른 소비자

문제는 직원들의 희생으로 이 문제가 해결되지 않는다는 거예요. 노동자는 또 다른 측면의 소비자니까요. 월급이 깎이면 소비력 또한 낮아질 수밖에 없어요. 소비자가 물건을 사지 않으면 '공급과잉' 문제가 생기겠지요. 그럼 자본가는 그 문제를 해결하기 위해 다시 노동자의 월급을 삭감할 거예요. 소비자의 소비력은 더욱 약해지고 경제 문제는 계속 반복될 것입니다. 마치 세계 경제대공황 때의 모습처럼요.

시장의 실패

19세기 유럽, 《국부론》이 출간된 후 여러 나라에서 본격적으로 산업혁명을 받아들였고, 공장제 공업이 꽃피었다. 기계를 이용해 만든 공산품들이 쏟아져 나왔고, 사람들은 일자리를 구하기 위하여 도시로 몰려들었다. 노동의 가치는 떨어졌고 노동자들은 형편없는 환경에서 16시간이 넘는 노동 시간을 버텨 내야 했다.

이렇게 공장을 소유한 자본가들과 노동자와의 빈부 격차는 커졌지만 국가는 통제하지 않았다. 이에 마르크스나 엥겔스와 같은 공산주의 철학가들이 등장해 자본주의의 한계를 지적하기도 했다. 세상은 복잡해졌고 여러 차례 경제 위기가 찾아왔으며 불황과 호황이 반복되었다.

1873년 뉴욕 국립은행의 뱅크런 사태
은행에서 단기간에 많은 이들이 예금을 인출하려는 시도를 뱅크런이라고 하며, 이는 은행의 파산으로 이어진다.

그러나 1900년대가 되자 새로운 세상이 펼쳐지는 것 같았다. 전쟁으로 황폐화된 유럽과 달리, 군수물자를 판매한 미국은 세계 최고의 경제대국으로 올라섰다. 전쟁이 끝난 후에도 라디오, 자동차, 항공기 등의 산업이 발전하면서 낙관적인 분위기가 이어졌다. 그러나 호황은 계속되지 않았다. 1929년 10월 24일, 검은 목요일을 시작으로 대공황 시대를 맞이한 것이다. 1929년~1933년 사이 미국에서 파산한 기업은 4만 개였고, 1만여 개의 은행이 사라졌다. 노동자들은 일자리를 잃었고, 소비가 줄어들자 기업은 문을 닫았고 노동자들은 해고되었다. 애덤 스미스의 '보이지 않는 손'이 더 이상 작용하지 않는 구조적 악순환이 드러난 것이다.

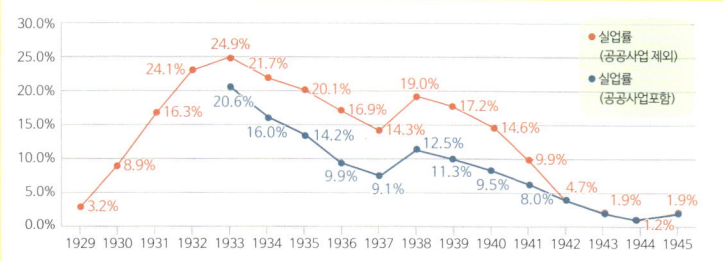

미국 실업률(1929~1945년, 단위%)

Break Time
가로세로 낱말풀이

경제 공부를 열심히 마친 친구들 수고했어. 낱말풀이를 통해 자본주의의 역사를 되짚어 보며 우리가 배웠던 핵심 어휘들을 차근차근 확인해 보자.

가로

① 건물을 빌려준 대가로 받는 돈.
② 국가가 공공의 사업을 위해 국민들에게 강제로 징수하는 돈.
③ 개인이 소유한 재산. 사적 소유권이라고도 불린다.
④ 벌어들인 이익에서 비용을 빼고 순수하게 남은 이익.
⑤ 부유한 사람과 가난한 사람의 경제적 차이. 심하면 사회적 갈등을 유발한다.
⑥ 인간의 부는 생산물과 이것으로 나뉜다. 생산이 가능하게 하는 토지와 공장, 건물 등이 여기에 해당한다. 이 책에서 근대 이전까지 역사 분류의 기준으로 쓴 핵심 개념이기도 하다.

세로

㉠ 임금의 가장 적은 한도를 정하고 그 이상을 받도록 규제하는 사회보장제도.
㉡ 생산수단을 국가가 소유하고 관리하는 것. 공산주의 국가에서는 산업 시설의 대부분이 이것이다.
㉢ 개인의 생산수단을 인정하지 않는 경제체제. 흔히 마르크스와 엥겔스 주의라고도 부른다.
㉣ 1776년에 발간된 애덤 스미스의 저서로 자유방임주의를 주장한 최초의 경제학 책이다.
㉤ 자신의 이익만을 꾀하는 마음으로, 애덤 스미스는 인간의 이것이 나쁘지 않다고 여겼다.
㉥ 노동자가 자기 생존에 필요한 것 이상으로 생산한 생산물. 이것으로 인해 빈부격차가 시작되었다.

에필로그
새로운 대안이 필요해

채는 알파에게 아무것도 묻지 않았어. 그저 자리를 내어 주고, 따뜻한 커피를 타 주었을 뿐이었지. 채의 커피는 사람을 안정시키는 특별한 힘이 있는 것 같았어. 다행히 알파는 곧 진정되었고, 차분하게 이야기를 이어나갈 수 있게 되었어.

알파는 평소보다 훨씬 진지해진 얼굴로 말했어.

"난 좋은 경제체제가 사람을 살릴 수 있다고 생각해!"

알파 녀석, 이런 말도 할 줄 알다니, 어떨 땐 정말 신 같아 보인다니까? 알파의 말을 들은 채도 조금 놀란 것 같았어. 하지만 이내 웃으며 고개를 끄덕였지. 경제 위기를 함께 경험한 사장들의 동질감이라도 느낀 걸까?

"아무래도, 인간의 이기심에만 모든 걸 맡겨 놓으면 안 되겠지요?"

참……, 이럴 땐 남말 하듯 한다니까? 얼마 전만 해도, 자유로운 시장이 모두에게 이익을 가져다준다고 주장하더니, 막상 경쟁에서 밀리고 피해를 당하니 생각이 바뀐 모양이야.

"사실 지금 알파가 마신 커피의 이름은 '케인스'예요."
"케인스라면……?"
"정부의 강력한 개입을 주장한 경제학자죠."
"그래?"

알파는 당장이라도 케인스를 만나서 이야기를 나눠보고 싶었어. 그러면 분명 알고 있을 것 같았거든. 과도한 경쟁 때문에 침체되어 버린 이 사회를 일으킬 방법이 무엇인지, 얼어붙은 경기를 되살리고 다시 예전처럼 자신의 카페와 이 거리에 활력을 불어넣을 방법이 무엇인지 말이야.

알파는 들뜬 목소리로 채에게 물었어.

"이 커피, 다 마시면 지식 체험을 할 수 있는 건가?"

채는 대답대신 조용히 일어나 카페의 뒷문을 열어 주었어.
마지막 한 모금까지 들이킨 알파는 조심스럽게 걸어 나갔지.

그를 기다리고 있는 미지의 세계를 향해.

경제 문제를 해결할 수 있는 새로운 지혜를 구하기 위해.

어쩌면 지금 그가 만나게 될 짧은 경험이
이 위기를 해결할 영감을 안겨 주리라 기대하면서…….

여러분, 안녕하세요? 채사장입니다. 채와 알파가 전해 주는 신비롭고 흥미로운 이야기, 재미있게 보았나요? 이 이야기를 통해 경제가 무엇이고 경제체제에는 어떤 것들이 있는지 알게 되었지요? 이제 저와 함께 배운 것을 마지막으로 정리해 보도록 해요.

<mark>우리가 이 여정을 통해 배워 볼 경제체제는 다음과 같아요.</mark>

- 초기 자본주의
- 후기 자본주의
- 신자유주의
- 공산주의 (사회주의)

본격적으로 경제체제에 대해 배우기 전에 '시장'과 '정부'에 대해 알아보았어요. 정부는 세금을 통해 시장에 개입하지요. 그 세금은 사회의 복지 수준을 결정하기도 하고, 경제의 활성화나 침체를 가져오기도 해요.

- 세금⬇, 복지⬇
  - 장점 : 경제⬆, 능률⬆, 경기활성화⬆
  - 단점 : 빈부격차⬆, 사회 불안⬆
- 세금⬆, 복지⬆
  - 장점 : 빈부격차⬇, 사회 불안⬇
  - 단점 : 경제⬇, 능률⬇, 경기활성화⬇

가장 처음 등장한 경제체제는 초기 자본주의예요. 정부의 개입이 거의 없는 완전히 자유로운 시장 경제 체제지요.

초기 자본주의 체제에서는 사람들이 서로 자유롭게 경쟁하며 경제를 발전시킬 수 있어요. 그러나 이미 자본을 많이 가진 사람과는 경쟁이 어렵고, 노동환경이 열악해진다는 단점이 있어요. 그렇게 18세기에 처음 등장한 초기 자본주의는 경제대공황이라는 벽에 부딪히게 되었지요.

생각하고 토론하기

알파는 가장 친한 친구인 채의 카페 옆에 새로운 가게를 내고 사업을 시작하며 손님을 끌어 모으기 위한 경쟁을 했지요. 지금도 많은 기업들이 서로 경쟁하며 경제를 이끌어가고 있어요. 자본주의 사회에서 일어나는 여러 상황을 어떻게 바라볼 수 있을까요? 살펴보고 토론해 봅시다.

① 알파는 경쟁에서 이기기 위해 커피의 가격을 낮추었고, 그 때문에 채는 피해를 입었어요. 가격을 서로 깎으며 경쟁하는 것은 자본주의 사회에서 흔히 볼 수 있는 일이에요. 여러분은 경쟁에서 이기기 위해서라면 어떤 일까지 해도 좋다고 생각하나요?

> 다양한 가격대가 있으면 소비자들이 선택하기 좋을 것 같아.

> 하지만 자기 이익을 위해 다른 기업을 헐뜯거나 과대광고를 하는 건 나쁘다고 생각해.

② 경기가 나빠지자 알파는 비용을 줄이기 위해 많은 노력을 했어요. 결국 월급을 깎는 데 동의하지 못한 많은 직원들이 해고를 당했지요. 여러분은 이 일을 어떻게 생각하나요? 상황에 따라 노동자의 임금을 자유롭게 깎거나 해고할 수 있을까요?

> 알파를 비롯한 사장들로서는 다른 선택지가 없었을 것 같아. 망하지 않으려면 어쩔 수 없잖아.

> 그래도 누군가의 생계가 달린 일인데 최소한의 규제는 필요하지 않을까?

③ 비타가 커피 값을 파격적으로 깎거나, 알파가 노동자들의 임금을 줄이거나 해고한 것은 정부의 규제가 없었기 때문에 가능한 일이었어요. 만약 이 상황에서 정부의 규제가 있었다면 어땠을까요? 이야기 속에서 발생한 문제를 해결할 수 있었을까요?

> 만약 비타가 세금을 많이 내야 했다면 갑자기 커피 값을 깎지는 못했을 거야.

> 직원들 월급까지 정부의 규제를 받아야 했다면 알파는 바로 망하지 않았을까?

5권에서는 초기 자본주의의 문제점을 해결하기 위해 등장한 새로운 경제체제에 대해 알아볼 거예요. 과연 새롭게 바뀐 경제체제 속에서 알파와 채는 행복하게 돈을 벌고 꿈을 이룰 수 있을까요?

정답

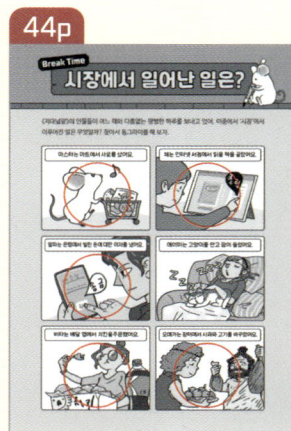

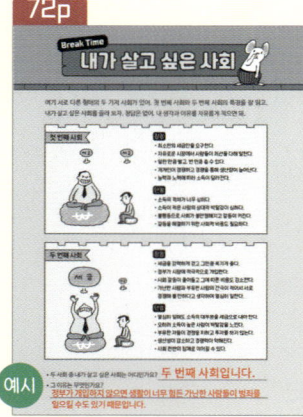

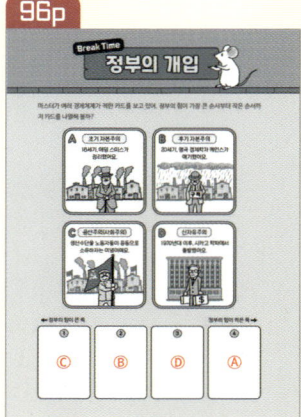

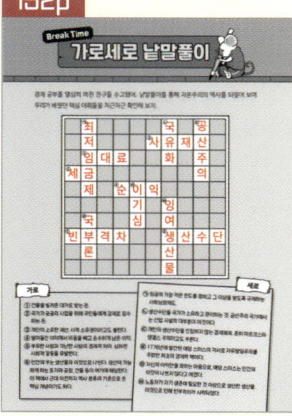

다음 권에서는 자본주의의 다양한 형태를 살펴보아요!